AF263995

LA FRANCE

ET

LE CŒUR DE JÉSUS

NANTES,

LIBRAIRIE CATHOLIQUE,

LIBAROS, LIBRAIRE-ÉDITEUR,

CARREFOUR CASSERIE, 3.

1871

IMPRIMERIE JULES GRINSARD, SUCCESSEUR DE M. CHARPENTIER.

LA FRANCE

ET

LE CŒUR DE JÉSUS

I

SOUS LOUIS XIV

La monarchie française était parvenue à l'apogée de sa gloire. Celui qu'on appelait justement le grand roi dictait des lois à l'Europe. Sous la protection de son sceptre, les lettres, les sciences et les arts jetaient un éclat éblouissant... Mais la corruption s'étalait jusque sur le trône, et gagnait de proche en proche toutes les classes de la société. D'autre part, le jansénisme éteignait dans les cœurs les flammes de la véritable piété; le gallicanisme relâchait les liens qui auraient dû toujours étroitement unir la fille aînée de l'Église à sa mère; et à la faveur des discordes religieuses, l'incrédulité se glissait dans l'ombre.

En ce moment même vivait à Paray-le-Monial, en Bourgogne, dans un monastère obscur de la Visitation, une humble religieuse destinée à devenir célèbre, sœur Marguerite-Marie Alacoque. Depuis, ses écrits ont été hautement approuvés et sa sainteté proclamée par l'autorité du Siége apostolique ; et Pie IX, le 19 octobre 1866, lui a solennellement décerné les honneurs de la Béatification.

Or, un jour de l'octave du Saint-Sacrement, 1675, Notre-Seigneur découvrant son Cœur à la pieuse fille, lui dit : « Voilà ce Cœur qui a tant aimé les hommes, qu'il n'a rien épargné, jusqu'à s'épuiser et se consumer pour leur témoigner son amour ! Et en retour, je ne reçois de la plupart que des ingratitudes par les mépris, irrévérences, sacriléges et froideurs qu'ils ont pour moi dans ce Sacrement d'amour... Je te demande que le premier vendredi après l'octave du Saint-Sacrement soit une fête particulière pour honorer mon Cœur... Je te promets aussi que mon Cœur se dilatera pour répandre avec abondance les effusions de son divin amour sur tous ceux qui lui rendront cet honneur et procureront qu'il lui soit rendu. »

Le 23 février 1689, elle écrit à la Mère de Saumaise, son ancienne Supérieure : « Ah ! que de bonheur pour vous et pour ceux qui contribuent à glorifier l'aimable Cœur de Jésus ? Non-seulement ils s'attirent son amitié et ses bénédictions éternelles, mais ILS GAGNENT UN PUISSANT PROTECTEUR

A NOTRE PATRIE... Il n'en fallait pas un moins puissant pour détourner la juste colère de Dieu... »

Le 17 juin de la même année, la Bienheureuse écrivait encore : « Le divin Cœur désire entrer avec magnificence dans la maison des princes et des rois pour y être honoré autant qu'il y a été outragé, méprisé et humilié en sa Passion. Il faut qu'il ait autant de plaisir à voir les grands de la terre humiliés devant lui qu'il a senti d'amertume à se voir anéanti à leurs pieds.

» Et voici les paroles que j'entendis à ce sujet : Fais savoir au FILS AÎNÉ DE MON SACRÉ CŒUR — parlant de notre roi Louis XIV — que, comme sa naissance temporelle a été obtenue par la dévotion aux mérites de ma sainte Enfance, de même il obtiendra sa naissance de gloire éternelle par sa consécration à mon Cœur adorable. Il veut triompher du sien, et par son entremise, de celui des grands de la terre. IL VEUT RÉGNER DANS SON PALAIS, ÊTRE PEINT DANS SES ÉTENDARDS ET GRAVÉ DANS SES ARMES, POUR LES RENDRE VICTORIEUSES DE TOUS SES ENNEMIS, ET DE TOUS LES ENNEMIS DE LA SAINTE ÉGLISE. »

Au mois d'août de la même année 1689, la Bienheureuse revient sur le même sujet et s'exprime en ces termes : « Le Père éternel, voulant réparer les amertumes et angoisses que l'adorable Cœur de son divin Fils a reçues dans la maison des princes de la terre, parmi les humiliations et les outrages de sa Passion, veut établir son empire dans le cœur de notre grand monarque. Il entend se servir de lui pour l'exécution de son dessein, qu'il désire voir s'accomplir en cette manière : Construire un édifice ou serait placé le tableau de ce divin Cœur, pour y recevoir la consécration et les hommages du roi et de toute la cour.

» De plus, ce divin Cœur se veut rendre protecteur et défenseur de sa personne sacrée contre tous ses ennemis visibles et invisibles. Il l'a choisi comme son fidèle ami pour faire autoriser par le Saint-Siége apostolique la Messe en son honneur, et obtenir les autres priviléges qui doivent accompagner la dévotion de ce divin Cœur. C'est par ce Cœur qu'il lui départira les trésors de ses grâces de satisfaction et de salut, et répandra avec abondance ses bénédictions sur toutes ses entreprises...

» Qu'il sera donc heureux, s'il prend goût à cette dévotion ! Elle lui fera un règne éternel d'honneur et de gloire dans ce Cœur sacré ; et Notre-Seigneur prendra soin de l'élever dans le Ciel devant son Père, autant que ce grand monarque en prendra de réparer devant les hommes les opprobres et anéantissements soufferts par ce divin Cœur (1). »

(1) Toutes ces citations sont textuellement empruntées à la *Vie et Œuvres de la Bienheureuse Marguerite-Marie Alacoque*, récemment publiées avec approbation. T. I, p. 93. — T. II, p. 90, 19 8 et 212.

Ainsi, voilà Notre-Seigneur lui-même qui montre son Cœur à une religieuse française, qui promet à la France d'être son protecteur, et réclame en particulier l'hommage de nos rois, afin de pouvoir les combler de ses bénédictions. Pourquoi n'a-t-il pas été plus tenu compte de ces tendres et magnifiques avances?...

II

SOUS LOUIS XV.

La France de Louis XV et de Voltaire était peu faite pour comprendre le culte du divin Cœur; et pourtant il ne manqua pas alors d'adorateurs fidèles.

Dès l'année 1722, la ville de Marseille donna un grand exemple. Délivrée de la peste par la miraculeuse protection du Sacré Cœur, elle fit en son honneur un vœu solennel, dont il sera bon de reproduire ici le texte :

« Aujourd'hui, 28 mai 1722, nous..., consuls de la ville de Marseille, nous étant assemblés au conseil de ville, en présence de M. le marquis de Pilles, notre gouverneur; lecture faite de la lettre que Monseigneur l'Évêque nous a adressée, nous avons résolu d'un consentement unanime, de faire à Dieu, entre les mains du dit seigneur Évêque, un vœu stable et irrévocable, par lequel nous nous obligerons, nous et nos successeurs, à perpétuité : d'aller chaque année, le jour de la fête du Sacré Cœur de Jésus, assister à la Messe dans l'église du premier monastère de la Visitation ; d'y recevoir le Saint-Sacrement de l'Eucharistie, et d'y offrir un cierge de quatre livres, pour l'expiation des péchés commis dans la ville, lequel cierge brûlera ce jour-là devant le Saint-Sacrement. De plus, nous prierons Monseigneur l'Évêque d'indiquer une procession solennelle de tous les Ordres, qu'on fera ce même jour à perpétuité, à l'heure de Vêpres, et à laquelle nous serons obligés de nous trouver.

» Fait à Marseille, le jour et an ci-dessus. »

Jusqu'à l'époque de nos grands malheurs, tout s'accomplit fidèlement comme on l'avait voué. L'Évêque mentionné dans cet acte mémorable n'est autre que l'illustre Belzunce, ce Charles Borromée de la France. Aix, Avignon et d'autres cités ne tardèrent pas à prendre les mêmes engagements que Marseille.

A' la suite de ces belles manifestations publiques, beaucoup de Prélats établirent officiellement dans leurs diocèses la fête et l'office du Sacré Cœur de Jésus. Parmi les plus zélés, on distingua Monseigneur Languet, Évêque de Sois-

sons, auteur d'une remarquable *Vie de la Mère
Marguerite-Marie Alacoque*, qu'il dédia à la
pieuse reine Marie Leckzinska, et Monseigneur
de Pressy, Évêque de Boulogne, qui nous a laissé
sur la dévotion au Sacré Cœur des ouvrages
pleins de science et d'onction.

A cette époque, plusieurs souverains s'intéres-
sèrent activement au triomphe du divin Cœur.

Le 15 mai 1726, Frédéric-Auguste II, roi de
Pologne, écrivait au Pape Benoît XIII, pour lui
demander d'étendre à tout l'univers la pratique
de cette dévotion. Le 10 mars de l'année suivante,
Philippe V, petit-fils de Louis XIV et roi d'Espagne, sollicitait du même Pontife l'établissement
de la fête du Sacré Cœur dans tous ses royaumes
et domaines. Plus tard, Françoise-Élisabeth,
reine de Portugal, obtint pour ses États une
semblable faveur.

Enfin, au mois de juillet 1765, notre admirable
reine Marie Leckzinska, qui, dans le palais même
de Louis XV, pratiquait, avec son fils le dau-
phin et ses quatre filles, les plus pures vertus
du christianisme, recourut à l'assemblée générale
du Clergé de France pour hâter encore et développer la diffusion du culte de l'adorable Cœur de
Jésus. L'Assemblée ne pouvait que faire droit à
des vœux si légitimes, et voici le texte même de
sa délibération : « Tous les Évêques qui com-
posent l'Assemblée, également pénétrés du pro-

fond respect et de la vénération qui ne sont pas moins dus aux vertus éminentes de Sa Majesté qu'à son rang auguste, et voulant, autant qu'il est en eux, seconder un zèle aussi édifiant, ont unanimement délibéré d'établir dans leurs diocèses respectifs la dévotion et l'office du Sacré Cœur de Jésus, et d'inviter par une lettre-circulaire les autres Évêques du royaume d'en faire autant dans les diocèses, où cette dévotion et cet office ne sont pas encore établis. »

La lettre-circulaire fut écrite, en effet, et rencontra partout l'adhésion la plus parfaite.

C'était là sans doute de touchants hommages; mais la France n'y intervenait pas comme nation: Dieu voulait davantage.

III

SOUS LOUIS XVI ET LA CONVENTION.

Le 23 décembre 1787, madame Louise de France, l'héroïque carmélite de Saint-Denis, expirait en prédestinée dans son humble cellule. La fille des rois s'était offerte comme une victime d'expiation, et Dieu avait accepté son sacrifice, mais sa justice irritée demandait une victime plus auguste encore.

La Révolution avançait à grands pas, mena-
çant de tout engloutir : monarchie, noblesse,
clergé, vieilles institutions et vieilles mœurs.
Bientôt Louis XVI comprit que sa main n'était
plus assez ferme pour lutter contre la tempête.
Enfermé dans son palais des Tuileries après le
retour de Varennes, il tourna sa pensée vers le
Cœur de Jésus. C'est dans les premiers mois de
1792 qu'il formula ce vœu touchant dont le texte
fut recueilli par les soins de M. Hébert, alors
son confesseur et supérieur général des Eudistes,
plus tard massacré aux Carmes avec tant de
prêtres fidèles.

Voici le vœu du roi-martyr :

« Vous voyez, ô mon Dieu, toutes les plaies
qui déchirent mon cœur, et la profondeur de l'a-
bîme dans lequel je suis tombé. Des maux sans
nombre m'environnent de toutes parts. A mes
malheurs personnels et à ceux de ma famille, qui
sont affreux, se joignent, pour accabler mon âme,
ceux qui couvrent la face du royaume. Les cris
de tous les infortunés, lès gémissements de la religion opprimée retentissent à mes oreilles, et une
voix intérieure m'avertit encore que peut-être
votre justice me reproche toutes ces calamités,
parce que, dans les jours de ma puissance, je n'ai
pas réprimé la licence du peuple et l'irréligion, qui
en sont les principales sources ; parce que j'ai

fourni moi-même des armes à l'hérésie qui triomphe, en la favorisant par des lois qui ont doublé ses forces et lui ont donné l'audace de tout oser.

» Je n'aurai pas la témérité, ô mon Dieu, de me justifier devant vous; mais vous savez que mon cœur a toujours été soumis à la foi et aux règles des mœurs; mes fautes sont le fruit de ma faiblesse et semblent dignes de votre grande miséricorde. Vous avez pardonné au roi David, qui avait été cause que vos ennemis avaient blasphémé contre vous; au roi Manassès, qui avait entraîné son peuple dans l'idolâtrie. Désarmé par leur pénitence, vous les avez rétablis l'un et l'autre sur le trône de Juda; vous les avez fait régner avec paix et gloire. Seriez-vous inexorable aujourd'hui pour un fils de saint Louis, qui prend ces rois pénitents pour modèles et qui, à leur exemple, désire réparer ses fautes et devenir un roi selon votre cœur.

» O Jésus-Christ! divin Rédempteur de toutes nos iniquités, c'est dans votre Cœur adorable que je veux déposer les effusions de mon âme affligée. J'appelle à mon secours le tendre cœur de Marie, mon auguste protectrice et ma mère, et l'assistance de saint Louis, mon patron et le plus illustre de mes aïeux.

» Ouvrez-vous, Cœur adorable, et par les mains si pures de mes puissants intercesseurs, recevez avec bonté les vœux satisfactoires que la confiance m'inspire, et que je vous offre comme l'expression naïve de mes sentiments.

» Si, par un effet de la bonté infinie de Dieu, je recouvre ma liberté, ma couronne et ma puissance royale, je promets solennellement :

» 1° De révoquer, le plus tôt possible, toutes les lois qui me seront indiquées, soit par le Pape, soit par un Concile, soit par quatre Évêques choisis parmi les plus éclairés et les plus vertueux de mon royaume, comme contraires à la pureté et à l'intégrité de la foi, à la discipline et à la juridiction spirituelle de la sainte Église catholique, apostolique, romaine, et notamment la *Constitution civile* du Clergé.

» 2° De prendre dans l'intervalle d'une année, tant auprès du Pape qu'auprès des évêques de mon royaume, toutes les mesures nécessaires pour établir, en suivant les formes canoniques, une fête solennelle en l'honneur du sacré Cœur de Jésus, laquelle sera célébrée à perpétuité dans toute la France, le premier vendredi après l'octave du Saint-Sacrement, et toujours suivie d'une procession générale, en réparation des outrages et des profanations commises dans nos saints temples, pendant le temps des troubles, par les schismatiques, les hérétiques et les mauvais chrétiens.

» 3° D'aller moi-même en personne, sous trois

mois, à compter du jour de ma délivrance, dans l'église Notre-Dame de Paris, ou dans toute autre église principale du lieu où je me trouverai, et de prononcer, un jour de dimanche ou de fête, au pied du maître-autel, après l'offertoire de la messe, et entre les mains du célébrant, un acte solennel de consécration de ma personne, de ma famille et de mon royaume, au SACRÉ CŒUR DE JÉSUS, avec promesse de donner à tous mes sujets l'exemple du culte et de la dévotion qui sont dus à ce Cœur adorable.

» 4° D'ériger et de décorer à mes frais, dans l'église que je choisirai pour cela, dans le cours d'une année à compter du jour de ma délivrance, une chapelle ou un autel qui sera dédié au sacré Cœur de Jésus, et qui servira de monument éternel de ma reconnaissance et de ma confiance sans bornes dans les mérites infinis et dans les trésors inépuisables de grâces qui sont renfermés dans ce Cœur sacré.

» 5° Enfin, de renouveler tous les ans, au lieu où je me trouverai, le jour qu'on célébrera la fête du sacré Cœur, l'acte de consécration exprimé dans l'article troisième et d'assister à la procession générale qui suivra la messe de ce jour.

» Je ne puis aujourd'hui prononcer qu'en secret cet engagement, mais je le signerais de mon sang s'il le fallait ; et le plus beau jour de ma vie sera celui où je pourrai le publier à haute voix dans le temple.

» O Cœur adorable de mon Sauveur ! Que j'oublie ma main droite et que je m'oublie moi-même, si jamais j'oublie vos bienfaits et mes promesses, si je cesse de vous aimer et de mettre en vous ma confiance et toute ma consolation. Ainsi soit-il. »

Ce cri de prière et de détresse n'eut pas son plein effet : pourquoi ? peut-être parce que Louis XVI n'était plus roi que de nom, quand il prit cet engagement solennel : Dieu veut que la France soit consacrée au Cœur de Jésus par son souverain réel et agissant comme souverain ! Du moins le pieux monarque puisa-t-il à cette divine source l'héroïsme du martyre ; et son appel ne resta pas sans écho. Peu de temps après, la Vendée se levait, et l'on sait bien que « cette race de géants, » les Bonchamps, les Cathelineau, les Lescure, les La Rochejacquelein et tous les autres, gentilshommes et paysans, se faisaient gloire d'aller à la bataille avec l'image du sacré Cœur sur la poitrine !

IV

SOUS LA RESTAURATION

A cette époque de renaissance monarchique et religieuse, on se souvint du vœu de Louis XVI.

Bien que la condition n'eût pas été remplie, beaucoup de nobles cœurs croyaient la France obligée d'honneur à tenir les engagements contractés par le roi-martyr. Plusieurs diocèses furent solennellement consacrés au Cœur de Jésus. La plupart de nos cathédrales eurent un autel dédié en son honneur.

Ce n'était pas assez pourtant : Notre-Seigneur réclamait un hommage national.

Dans ce temps-là vivait à Paris, au célèbre couvent *des Oiseaux,* une humble religieuse que les princesses allèrent plus d'une fois visiter. Elle était favorisée de communications surnaturelles. Les guides spirituels de son âme, prêtres aussi éclairés que vertueux, l'illustre de Quelen, archevêque de Paris, d'autres personnes également versées dans la science des saints, ne purent s'empêcher de reconnaître en cette âme privilégiée l'action de l'esprit de Dieu.

Marie de Jésus — tel était son nom en religion — avait eu dès l'enfance la plus tendre dévotion envers le divin Cœur. En 1814, son zèle s'enflamma par la lecture d'une prière aujourd'hui répandue partout et intitulée : « Consécration de la France au sacré Cœur de Jésus. » Elle continua de la réciter avec une ferveur croissante et un désir toujours plus vif d'en obtenir l'accomplissement.

Quelques années après, ayant entendu lire le

mandement et les autres pièces relatives à la consécration de la ville de Poitiers au sacré Cœur de Jésus : « Ah ! dit-elle en soupirant, si la France entière pouvait jouir du même bonheur ! » Et c'est vers ce but que se dirigèrent désormais tous les vœux de son âme, toutes les intentions de ses communions, tous les sacrifices dont sa vie fut semée.

Alors se multiplièrent les communications célestes qu'elle recevait par le Cœur de Jésus. « Abîmée dans cet océan de lumière, écrit le vénérable père Ronsin, son confesseur, elle y voyait clairement les désirs de ce cœur adorable tout embrasé d'amour pour les hommes, et les DESSEINS PARTICULIERS DE SA MISÉRICORDE SUR LA FRANCE. Il lui fut dit et souvent répété par Jésus-Christ même, dans ses extases, que le vœu de consécration de la France au sacré Cœur, attribué à Louis XVI, était bien véritablement de lui ; que c'était lui-même qui l'avait composé et prononcé. LE DIVIN SAUVEUR AVAIT AJOUTÉ QU'IL DÉSIRAIT ARDEMMENT QUE CE VŒU FUT EXÉCUTÉ : C'EST-A-DIRE QUE LE ROI CONSACRAT SA FAMILLE ET TOUT SON ROYAUME AU SACRÉ CŒUR, COMME AUTREFOIS LOUIS XIII A LA SAINTE VIERGE ; qu'il en fît célébrer la fête solennellement et universellement tous les ans, le vendredi après l'octave du Saint-Sacrement ; et qu'enfin il fît bâtir une chapelle et ériger un autel en son honneur. »

A cette condition, *le divin Sauveur, promettait, pour le Roi, la famille royale et la France entière, les plus abondantes bénédictions.*

Le 21 juin 1823, ces manifestations se renouvelèrent avec un redoublement de clarté. Il lui fut dit en termes formels : « La France est toujours bien chère a mon divin Cœur, et elle lui sera consacrée. Mais il faut que ce soit le Roi lui-même qui consacre sa personne, sa famille et tout son royaume a mon divin Cœur ; et qu'il lui fasse, comme je l'ai déjà dit, élever un autel, ainsi qu'on en a élevé un, au nom de la France, en l'honneur de la sainte Vierge. Je prépare a la France un déluge de graces lorsqu'elle sera consacrée a mon divin Cœur. — Eh quoi ! reprit Notre-Seigneur, les outrages faits à la majesté royale ont été réparés publiquement (1) ; et les outrages sans nombre que j'ai reçus dans le sacrement de mon amour n'ont pas encore été réparés ! On craint de parler au Roi ; on craint qu'il ne soit pas disposé à entendre parler de ce double bonheur pour lui aussi bien que pour sa famille et pour son royaume ! Ah ! je tiens tous les cœurs dans ma main, et celui du Roi est disposé à faire tout ce qu'on lui demandera pour ma gloire. Tous les jours il en donne des preuves. La demande qu'on lui a faite de travailler à la béatification de la

____

(1) Monument de la rue d'Anjou, à Paris.

Mère Marguerite-Marie Alacoque n'a-t-elle pas été parfaitement accueillie? Que N*** parle et il verra. Je prépare toutes choses : la France sera consacrée a mon divin Cœur, et toute la terre se ressentira des bénédictions que je répandrai sur elle. La foi et la religion refleuriront en France par la dévotion a mon divin Cœur. » Elle comprit aussi que l'heureux succès de la guerre d'Espagne était dû au sacré Cœur et aux hommages que lui avait rendus le chef de l'expédition.

Le confesseur fut vivement frappé de cette communication; car il n'ignorait pas qu'en effet, Louis XVIII avait ordonné à Monseigneur le grand-aumônier de France de s'entendre, au sujet de la béatification de Marguerite-Marie, avec le ministre des affaires étrangères; et la sœur Marie de Jésus n'en pouvait absolument rien savoir par voie naturelle.

On espéra un moment arriver à l'accomplissement solennel du vœu de Louis XVI par l'entremise de son auguste et sublime fille. Mais les événements de 1830 firent encore ajourner le saint projet (1).

***

(1) Pour les détails et les preuves, voir la *Notice sur la Mère Marie de Jésus*, insérée à la suite du t. I de la *Vie de la révérende Mère Marie-Anne* (dans le monde, Maria de la Fruglaye). — Paris, 1868.

V

EN 1870 ET 1871.

Le culte du Cœur de Jésus n'avait pas cessé de se développer dans le cœur des pieux fidèles, parmi les membres du clergé, et surtout au sein des communautés religieuses.

Vers 1840, une œuvre admirable prenait naissance, l'œuvre de l'Apostolat de la Prière, qui n'est autre chose que la Ligue des cœurs chrétiens unis au Cœur de Jésus pour le triomphe de l'Église et le salut des âmes. Cette association, dont la France fut le berceau, embrasse aujourd'hui l'univers et compte ses membres par millions.

Aussi n'est-il pas étonnant qu'en 1870, à l'heure des désastres inouïs de notre France, les croyants aient tourné les yeux vers ce Cœur adorable, d'où doit venir notre salut. Un vœu a été formulé par des laïques éminents de Paris, que la guerre a chassés en province et qui se nommeront quand le moment sera venu. Ce vœu qui semble préparer enfin la réalisation du vœu de Louis XVI, a pour but d'obtenir la délivrance de la France et de l'Église. Des milliers de personnes ont déjà donné leur nom. En voici le texte :

« En présence des malheurs qui désolent la France, et des malheurs plus grands peut-être qui la menacent encore;

» En présence des attentats sacriléges commis à Rome contre les droits de l'Église et du Saint-Siége et contre la personne sacrée du Vicaire de Jésus-Christ;

» Tout en reconnaissant que notre malheureuse patrie a mérité les châtiments de Dieu par les scandales dont elle a été le théâtre, par les encouragements qu'elle a donnés à l'esprit révolutionnaire dans le monde, et en particulier, par le coupable abandon de la cause du Souverain Pontife et de l'Église, abandon qu'elle n'a que trop facilement accepté;

» Nous protestons, au nom de la justice outragée, au nom de la France, au nom de la paix de l'Europe, au nom de la civilisation chrétienne, au nom de la liberté de nos consciences, contre la violence et la fourberie qui veulent anéantir le pouvoir le plus légitime, le plus vénérable, le plus bienfaisant, le plus authentiquement reconnu de tous les pouvoirs de la terre, en privant le Souverain Pontife de son domaine temporel, de la liberté même de sa personne, et en portant par là atteinte au libre exercice de son autorité spirituelle.

» Nous ne pouvons méconnaître qu'en ce moment les violations du droit des gens que nos gouvernements n'ont que trop favorisés à Rome se commettent sur le territoire français accompagnés de cruautés, de sacriléges, de rapines et d'exactions sans nombre.

» Nous dénonçons à toute conscience honnête de si odieux attentats ; nous en appelons, au tribunal du Dieu des armées, des crimes commis contre l'Église et contre notre patrie, unissant dans notre cœur deux causes qui n'auraient jamais dû être séparées.

» Et, pour faire amende honorable de nos péchés, pour en recevoir le pardon par l'intervention miséricordieuse du Cœur sacré de Notre-Seigneur Jésus-Christ, et obtenir, par la même intervention, les secours extraordinaires qui seuls peuvent délivrer le Souverain Pontife de sa captivité, faire cesser les malheurs de la France et amener sa rénovation religieuse et sociale, nous promettons, lorsque ces grâces nous auront été accordées, de contribuer, selon nos moyens, à l'érection à Paris d'une église consacrée au sacré Cœur de Jésus, érection qui sera demandée à l'autorité ecclésiastique compétente. »

En même temps que cette généreuse idée se répandait partout comme une flamme, l'honneur des armées françaises, si tristement compromis dans nos récentes luttes, trouvait un asile inviolable dans le cœur des intrépides volontaires de Charette et de Cathelineau. Ces braves, revenant aux grandes traditions de la première Vendée, SUIVAIENT AU COMBAT L'ÉTENDARD RAJEUNI DU SACRÉ CŒUR, qu'ils empourpraient de leur sang généreux aux champs de Patay et du Mans ; et, grâce à la puissance des convictions religieuses, les soldats, tant honnis, du Pape, se trouvaient sans effort les meilleurs soldats de la France.

Que reste-t-il donc à faire, sinon que LA FRANCE, REPRÉSENTÉE PAR SON SOUVERAIN, SE CONSACRE SOLENNELLEMENT AU CŒUR DE JÉSUS ? Dieu le demande obstinément ; et pour accomplir ce grand acte, que faut-il ? LA SAINTE AUDACE DU BIEN. Alors sera vraiment sauvée la nation française, et réalisée la parole célèbre de Joseph de Maistre : « La Révolution, inaugurée par la déclaration impie des Droits de l'homme, aboutira à la solennelle proclamation des Droits de Dieu. »

817. — Nantes, imp. JULES GRINSARD, sucr de M. CHARPENTIER.

www.ingramcontent.com/pod-product-compliance
Lightning Source LLC
Chambersburg PA
CBHW061826060726
47597CB00008B/3377